DE L'ORGANISATION

DE

L'ENSEIGNEMENT

INDUSTRIEL

ET DE

L'ENSEIGNEMENT PROFESSIONNEL

PAR

LE GÉNÉRAL MORIN, DIRECTEUR

ET

M. TRESCA, SOUS-DIRECTEUR

du Conservatoire des Arts et Métiers.

Reproduction textuelle de la première publication, en 1862.

PARIS

IMPRIMERIE ET LIBRAIRIE CENTRALES DES CHEMINS DE FER

IMPRIMERIE CHAIX

SOCIÉTÉ ANONYME AU CAPITAL DE SIX MILLIONS

Rue Bergère, 20

1884

EXTRAIT DES RAPPORTS SUR L'ENSEMBLE DE L'EXPOSITION DE LONDRES DE 1862

publiés par MM. Napoléon Chaix et Ce, rue Bergère, 20, à Paris.)

Les expositions universelles, en mettant en évidence l'état d'avancement des diverses nations dans les arts industriels, donnent en même temps la mesure de leurs progrès dans les sciences appliquées, et celle de la diffusion des connaissances scientifiques parmi les populations.

Envisagées sous ce rapport, elles manifestent d'une manière si palpable les avantages que les nations les plus civilisées retirent de l'instruction dont elles propagent les bienfaits, que la question de l'enseignement industriel est certainement devenue l'une des plus importantes de notre siècle.

Faire des hommes pratiques dont l'intelligence soit ouverte, par une bonne préparation scientifique, à toutes les idées de progrès, leur donner l'amour de leur profession en leur faisant connaître, dès leur enfance, les satisfactions que procure le travail intellectuel, ce sont là des moyens de rendre les nations fortes et puissantes dans les arts de la paix.

Ces motifs d'intérêt général nous ont engagés, M. Tresca et moi, à examiner la question dans son ensemble, et à faire un travail spécial sur l'organisation que l'on pourrait facilement donner en France à l'enseignement industriel, en utilisant et en reliant entre elles les institutions existantes. Nous avons ainsi répondu à l'appel que la Commission impériale a fait aux membres du jury, en leur demandant de signaler au pays tous les genres de progrès à réaliser.

Nous reproduisons ici cette partie de nos rapports telle qu'elle a été adressée à la Commission.

Général MORIN.

DE L'ORGANISATION

CHAPITRE PREMIER

ÉTAT ACTUEL DE L'ENSEIGNEMENT INDUSTRIEL

Les pays les plus avancés dans la pratique des arts industriels sont ceux qui se préoccupent, avec le plus de sollicitude, des moyens à employer pour mettre les connaissances spéciales à la portée du plus grand nombre. Mais, si cette préoccupation est générale, elle ne s'est cependant pas traduite en France par des résultats pratiques vraiment importants; les anciennes résistances n'ont plus aujourd'hui de défenseurs avoués, mais aucune création récente n'est venue apporter un remède efficace à l'absence trop générale de toute connaissance scientifique chez les industriels.

Cependant nous n'en sommes plus à l'époque où les hommes les plus illustres ne craignaient pas de disputer à nos écoles d'arts et métiers la modeste part qui leur était allouée dans les dépenses affectées à l'enseignement public; elles ont aujourd'hui fait leurs preuves, elles ont servi de modèles à la plupart des établissements créés à l'étranger, et même à ceux que certaines villes manufacturières s'efforcent d'organiser avec les ressources, trop souvent insuffisantes, dont elles peuvent disposer.

Il n'est plus permis aujourd'hui de décorer du nom d'enseignement industriel ou professionnel celui qui consisterait tout simplement à supprimer les études littéraires, sans donner, en compensation, des connaissances nouvelles plus positives, et appropriées, non pas seulement aux exigences de notre époque, mais aux conditions particulières de toutes les positions sociales.

Après avoir montré l'insuffisance de l'état actuel des choses, qui est d'ailleurs reconnue par tout le monde, nous rechercherons si la nature même des besoins auxquels il est urgent de donner satisfaction, n'indique pas d'elle-même la direction qu'il convient de prendre.

Passons d'abord en revue le petit nombre d'établissements dans lesquels l'enseignement est, en France, dirigé vers les connaissances industrielles.

§ 1er. — Établissements de l'État en France.

Les établissement de l'État sont les suivants :

Le Conservatoire impérial des arts et métiers à Paris, l'École impériale centrale des arts et manufactures, à Paris ; l'École impériale des Ponts et Chaussées, à Paris; l'École impériale des mines à Paris ; les écoles impériales des arts et métiers à Châlons, à Angers et à Aix; l'École des mineurs, à Saint-Étienne ; l'École des maîtres mineurs, à Alais.

Parmi ces établissements, le Conservatoire est le seul qui s'occupe d'agriculture : trois chaires spéciales sont consacrées à cette branche importante de notre production nationale; mais il y a, en outre, trois écoles spéciales d'agriculture, à Grignon, à Grandjouan et à la Saulsaye.

L'enseignement agricole est, on le voit, encore plus insuffisant que l'enseignement industriel.

Tous ces établissements dépendent du ministère de l'agriculture, du commerce et des travaux publics, dans lequel se trouve par conséquent concentrée la direction générale de l'enseignement industriel dans notre pays.

Nous aurons à voir s'il convient de persévérer dans une combinaison si naturelle, ou s'il y a lieu de transporter les différentes branches de l'enseignement professionnel dans le giron de l'ancienne Université.

A la simple nomenclature des établissements voués à l'enseignement industriel, on peut déjà juger de leur complète insuffisance; cent diplômes d'ingénieurs sont délivrés chaque année par le ministre aux élèves sortant de l'École centrale des arts et manufactures ; trois cents quittent les Écoles d'arts et métiers avec des certificats d'études; et, en ajoutant deux cents jeunes gens à ces trois cents élèves, pour représenter les élèves libres des Ponts et Chaussées et des mines, ceux des Écoles de Saint-Étienne et d'Alais, et enfin les quelques élèves qui, après l'achèvement de leurs études à l'École polytechnique et dans les autres écoles spéciales, sont amenés, tôt où tard, à s'occuper d'industrie, nous arrivons à peine à un chiffre total de six cents jeunes gens pour recruter annuellement le personnel intelligent et plus ou moins instruit de toutes nos manufactures françaises. Si nous estimons à douze cent mille le nombre des personnes engagées dans la pratique industrielle, nous voyons que le chiffre précédent représente à peu près un deux-millième de la population de nos usines. En admettant que la durée moyenne des services soit de vingt-cinq ans, pour les uns comme pour les autres, on arrive à cette conséquence qu'il y aurait un homme instruit sur quatre-vingts : un caporal pour quatre-vingts hommes et un très petit nombre de capitaines.

Si cette armée de travailleurs n'était pas stimulée par la nécessité de se suffire à elle-même, il est évident que son état-major serait absolument incapable de la diriger : elle se conduit presque par elle-même. Sans guide et sans règle de conduite, elle continue, lorsqu'on la considère en masse, ce qu'elle a fait précédemment ; elle présente une inertie que les conseils individuels ne peuvent vaincre; et un bon système d'enseignement industriel, en découvrant quelque horizon nouveau à ceux qui entrent, dès leur jeunesse, dans la carrière, est seul capable d'exercer sur eux une influence un peu prépondérante ; encore ne faudrait-il pas compter sur un résultat immédiat. Les nouvelles générations différeront peu de leurs aînées, jusqu'à ce que l'enseignement industriel se soit amplement généralisé.

Si, au lieu de considérer les établissements d'enseignement industriel par l'ensemble de leurs résultats, nous les examinons en détail, dans leur organisation intime, nous reconnaîtrons bientôt qu'ils ont chacun un but différent, qu'ils sont absolument indépendants les uns des autres, et que, créés sous l'empire d'idées complètement distinctes, ils ne sauraient, à aucun titre, former un tout qui puisse être comparé à la belle organisation de l'enseignement universitaire, dont profitent exclusivement les professions dites libérales.

Le temps est sans doute venu où la culture de l'intelligence, où l'instruction, dans la proportion au moins de ce qui est le plus nécessaire à chacun, deviendra l'objet de mesures plus libérales en faveur des enfants qui, jusqu'à présent, sont restés presque complétement privés de ses bienfaits.

Le Conservatoire impérial des arts et métiers, que nos ministres se sont plu à désigner plus d'une fois sous le nom de Sorbonne industrielle, et dont la création comme établissement d'enseignement ne date en réalité que de 1819, ne peut exercer directement qu'une faible action sur l'instruction de la classe ouvrière. Il s'adresse surtout aux ingénieurs et aux chefs d'industries, qui y viennent chercher un complément plutôt qu'un commencement d'instruction.

L'École centrale des arts et manufactures, fondée en 1829 par quelques hommes de cœur et d'intelligence, a doté la France, chaque année, d'ingénieurs civils dont le nombre va graduellement en augmentant. Cet établissement, qui s'est, depuis 1858, donné à l'État, après trente années d'indépendance, couronnées par le succès, est ouvert tout à la fois aux Français et aux étrangers, sans distinction. La durée des études y est de trois ans, mais les élèves n'y sont reçus, suivant la coutume allemande, que comme externes. Malgré le caractère très pratique de l'enseignement, les conditions d'admission n'exigent aucune autre connaissance que celles des lycées. Les examens sont beaucoup moins difficiles que ceux de l'École polytechnique. Sur les cent élèves qui reçoivent maintenant un diplôme d'ingénieur des arts et manufactures, cinquante à peine restent en France ; les autres retournent dans leur pays, ou trouvent des positions dans les travaux publics et les chemins de fer étrangers. L'École centrale occupe, à une grande distance, le premier rang par rapport aux écoles qui forment aussi des ingénieurs, en Allemagne et ailleurs ; elle est pour l'industrie, une des forces principales de notre pays.

C'est sans doute aux sentiments d'émulation excités par les succès de l'École centrale, que nous sommes redevables de la libéralité un peu tardive avec laquelle l'enseignement de l'École des Ponts et Chaussées et celui de l'École des mines ont été ouverts à des élèves libres, qui comptent déjà parmi eux quelques entrepreneurs distingués et quelques chefs de travaux. On peut, pour l'instruction technique, les assimiler aux ingénieurs de l'École centrale, dont l'instruction est cependant moins spéciale et plus généralisée.

Les écoles impériales d'arts et métiers demandent peu de science à leurs élèves, à peine les premiers éléments de l'arithmétique, de la géométrie et du dessin, mais elles exigent aussi un commencement d'apprentissage dans le travail du bois et du fer. Chaque année, elles versent dans les ateliers de machines trois cents jeunes gens dont la main et le jugement sont formés. Les uns, et c'est le plus grand nombre, se placent comme dessinateurs, et ils acquièrent bientôt une très grande habileté dans la composition des pièces, et dans l'étude des formes les plus convenables à leur donner; les autres, après avoir travaillé comme ouvriers, arrivent promptement à la position de contremaîtres, quand ils ne trouvent point à exploiter pour leur propre compte un petit établissement de serrurerie et de menuiserie.

Nous pourrions citer un grand nombre d'industriels de premier ordre qui sont sortis des écoles d'arts et métiers ; distingués par leurs chefs pour le sens pratique dont ils ont tout d'abord fait preuve, ils sont arrivés successivement à diriger des établissements importants. Dès aujourd'hui les élèves des écoles d'arts et métiers ne comptent pas pour moins d'un cinquième dans le nombre des membres de la Société des ingénieurs civils.

Les écoles de Saint-Étienne et d'Alais, moins importantes au point de vue du nombre des élèves, répondent exactement, pour l'industrie minérale, au même programme que les écoles d'arts et métiers : elles atteignent leur but avec le même succès ; les études y sont excellentes ; elles sont dirigées par les ingénieurs du corps impérial des mines.

Ces deux Écoles ne poursuivant pas le même résultat, sont soumises à des régimes très différents. A Saint-Étienne, le programme d'admission ressemble beaucoup à celui des écoles des arts et métiers, et l'on y forme des gardes-mines, des directeurs d'exploitations et d'usines métallurgiques. A Alais, on forme seulement des maîtres mineurs, et l'on n'exige, à l'entrée, aucun examen de géométrie ni de dessin. Pendant les exercices pratiques, les élèves sont assimilés aux ouvriers des mines dans lesquelles ils travaillent ; ils doivent suffire, par leur salaire, à leur nourriture et à leur entretien.

Cette organisation toute spéciale mériterait d'être expérimentée dans d'autres industries ; elle réussit parfaitement à Strasbourg, dans l'École israélite d'apprentissage de cette ville. Les élèves trouvent dans l'établissement le peu d'instruction théorique qu'on peut leur donner, et ils travaillent au dehors, aux diverses professions manuelles, sous le contrôle d'une surveillance bien exercée.

Le nombre des établissements dirigés par l'État étant si restreint, on ne doit pas s'étonner des efforts qui ont été faits par un grand nombre de communes pour suppléer à cette insuffisance. C'est en jetant un rapide coup d'œil sur les tentatives en cours de réalisation, que nous acquerrons la plus complète certitude de ce besoin général.

§ 2. — École la Martinière, à Lyon.

Au nombre des faits accomplis, se trouve d'abord la création de l'École dite la Martinière, à Lyon. Les résultats qu'on ne cesse d'y obtenir sont bien faits pour montrer qu'aucune question ne présente en ce moment plus d'intérêt que celle de l'enseignement industriel. L'École la Martinière, fondée par le major général Martin, dans l'intérêt de la population ouvrière de la seconde cité de la France, a un caractère spécial qui ne convient à certains points de vue, qu'à un intérêt municipal : les élèves sont tous externes ; la gratuité la plus libérale, d'ailleurs, ne concerne donc que l'enseignement seul ; les élèves vivent dans leurs familles, et les enfants des localités voisines ne peuvent en aucune façon profiter de cet enseignement. Cette observation faite, et elle est plus que justifiée par les intentions du donateur, on ne saurait trouver nulle part une institution plus importante, plus féconde, et mieux administrée.

Le gouvernement de la France a réussi à créer et à maintenir, malgré diverses critiques, trois écoles d'arts et métiers, fréquentées au total par neuf cents élèves, et voilà qu'une donation particulière assure une instruction presque égale à plus de cinq cents enfants, destinés aussi à occuper dans la pratique industrielle les positions les plus variées. Il y a là tout à la fois une critique et un exemple : une critique, car il en résulte que l'Administration n'a pas fait assez ; un exemple, car si la reconnaissance publique avait été mieux éclairée, elle aurait fait bénir par toute la population ouvrière du pays le nom du fondateur de la Martinière, et cette voix publique de la reconnaissance aurait déjà produit ses fruits en faisant surgir plus d'un imitateur parmi les heureux chefs de l'industrie.

L'École la Martinière procède par des méthodes particulières : elle restreint son enseignement à ce qui est pratiquement utile ; elle force les élèves à une attention soutenue; pour eux, point de paresse aux leçons, elle serait immédiatement reconnue; pour eux pas de temps perdu : leurs récréations ne sont pas autre chose que l'exercice d'un travail manuel, la gymnastique de l'intelligence et celle du corps sont, avec la plus grande sollicitude, dirigées toujours vers un but utile; cette pratique d'un travail constant crée chez tous les élèves l'habitude de l'assiduité au travail qui doit caractériser l'homme fait.

Les autorités municipales devraient être toutes invitées à suivre dans leurs détails les leçons de l'École la Martinière, les leçons de dessin surtout, dans lesquelles la main n'a jamais à obéir qu'à une réflexion intelligente, née de l'analyse du modèle. On y réussit assez bien, en deux années, à dégrossir l'élève pour qu'il puisse ensuite se perfectionner de lui-même, et acquérir ainsi une sûreté de coup d'œil et de main qui doit compter beaucoup dans la pratique de l'industrie.

L'École lyonnaise forme une sorte d'intermédiaire entre les écoles d'arts et métiers et les cours du soir que nous voulons proposer pour les jeunes apprentis. Elle équivaut presque aux écoles des arts et métiers elles-mêmes pour les élèves les plus sérieux. Dix établissements comme l'école la Martinière régénéreraient la population ouvrière de toute la France.

L'institution la plus intéressante, après ce type si caractérisé, est, sans contredit, l'École professionnelle de Mulhouse ; puis vient celle de Lille. On dirait qu'il n'y a point chez nous de grande industrie qui ne donne naissance à une manifestation en faveur de l'enseignement industriel.

§ 3. — École de Mulhouse.

L'École de Mulhouse est intéressante, surtout à d'autres titres que celle de la Martinière. L'institution lyonnaise date de trente années déjà : elle compte trente années de bonne administration et de fortune; elle possède aujourd'hui un matériel que l'on évalue à un million, un immeuble qui vaut un demi-million ; et elle a eu le bonheur de rencontrer un homme qui a créé des méthodes admirablement précises et intelligentes, quoique soumises à un mécanisme que l'on a comparé à celui de la charge en douze temps. Dans la cité alsacienne nous nous trouvons dans des conditions différentes de tous points : la création est récente ; elle date à peine de cinq ans ; le budget est restreint; le but que l'on se propose est plus général et plus élevé ; le directeur a de la volonté, de l'instruction et de la méthode, mais il n'a pas un grand exemple à suivre, comme, à Lyon, celui de M. Tabareau, dont la mémoire doit être vénérée à l'égal de celle du major Martin. Le mérite et la volonté de l'un ont fait produire tous leurs fruits à la munificence et aux pieux sentiments de l'autre.

L'École de Mulhouse, fondée par la ville, avec le concours du gouvernement, a pris le nom d'École professionnelle, et elle constitue, sous ce titre, un établissement d'enseignement secondaire placé sous la surveillance de l'administration universitaire. Son programme constitue une sorte d'enseignement général, dans lequel l'étude des langues mortes a été remplacée par celle des langues allemande et anglaise ; ce qui a permis, d'ailleurs, de substituer aux études littéraires les plus élevées de nos collèges, celle des sciences appliquées, du dessin géométrique et d'imitation, tout en laissant place à certains travaux manuels.

Le plan général comprend trois divisions, qui exigent, des mêmes enfants, de sept à seize ans, la fréquentation de classes successives, au nombre de neuf, pour l'enseignement complet. La division élémentaire est consacrée aux développements de l'enseignement primaire ; mais on s'y occupe déjà de l'étude des langues étrangères. La division intermédiaire, qu'on pourrait appeler aussi bien division commerciale, sert en même temps d'école préparatoire pour la division supérieure, destinée plus particulièrement aux jeunes gens qui doivent suivre la carrière industrielle.

Organisée dans un esprit excellent, cette dernière division se compose d'une sorte de mélange de l'enseignement pratique des écoles d'arts et métiers avec l'enseignement dogmatique des établissements universitaires ; les mêmes sécurités y sont achetées au prix des mêmes lenteurs : nous approuvons les unes et les autres, mais ce n'est pas sous cette forme que nous comprenons la préparation plus immédiatement utile, plus facilement assimilable, qu'il nous paraît nécessaire d'organiser pour le plus grand nombre des enfants qui doivent se livrer aux carrières industrielles. Ce but tout spécial est antipathique aux mœurs universitaires; il ne sera jamais atteint que sous une impulsion différente, et animée d'un esprit plus positif.

§ 4. — École professionnelle de Lille.

A Lille, c'est tout à la fois aux encouragements du ministère de l'instruction publique et à celui de l'agriculture, du commerce et des travaux publics que l'on a eu recours : aussi les allures sont-elles plus conformes à l'activité que réclame, dans l'initiation comme dans l'action, tout ce qui touche à la pratique industrielle.

L'École professionnelle du Nord, telle qu'elle avait été organisée sous le contrôle de l'administration de l'instruction publique, n'a pas donné tout d'abord de résultats favorables. Sous la nouvelle dénomination de l'École des arts industriels et des mines, elle est aujourd'hui sous le patronage du ministère de l'agriculture, du commerce et des travaux publics. Fondée et entretenue par l'État, par le département et par la ville, elle est spécialement consacrée aux jeunes gens qui, après avoir suivi pendant quelque temps les classes des lycées, des collèges et des institutions privées, ont besoin d'acquérir l'instruction spécialement préparatoire à l'une des industries suivantes : construction de machines, filature et tissage, chimie industrielle et agricole, exploitation des mines. Ce programme est bien nettement celui qui nous paraît être posé par la nature même des choses : il respecte ce qui est, il propose ce qui doit être ; et si, dans les détails de l'organisation, bien des choses laissent encore à désirer, soyons sûrs cependant que la pratique rectifiera ces défauts, et que l'institution vivra dans son principe, qui répond si bien à l'état actuel de nos tendances industrielles. Il nous suffira de citer les principaux paragraphes du prospectus de cet établissement pour indiquer les moyens que la direction se propose d'employer.

« Les études sont analogues à celles des écoles d'arts et métiers et de l'École centrale des arts et manufactures. Plus pratique que dans cette dernière, l'enseignement est plus théorique, plus spécialisé dans ses applications, et plus restreint quant à la durée des travaux manuels que dans les écoles d'arts et métiers.

» La durée des études professionnelles est de deux années, suivies d'une année complémentaire pour les élèves de la spécialité des mines, et pour les jeunes gens qui veulent poursuivre leurs études dans l'ordre des connaissances nécessaires aux ingénieurs civils. Provisoirement, il y aura une division préparatoire où, pendant une année, les jeunes gens pourront compléter l'étude des matières renfermées dans les programmes d'admission.

» Les cours sont confiés à des ingénieurs et à des professeurs ayant acquis des connaissances spéciales sur les applications de la science aux principales branches d'industries exercées dans le Nord. »

Ce programme est à peu près le nôtre : considéré dans son ensemble, il présente un caractère vraiment pratique. Nous le croyons toutefois exagéré dans le détail des matières de l'enseignement, d'où nous tirons cette conséquence qu'il importe de régulariser le mouvement actuel dans ses écarts, et de le modérer par une organisation sans laquelle chacun marche un peu au hasard, et sans se préoccuper assez des faits acquis.

A un autre point de vue, l'École de Lille nous fournira une précieuse indication : les élèves, nous l'avons dit, doivent s'occuper, trois heures par jour, à des travaux manuels; vingt ouvriers doivent constamment diriger et compléter leurs ébauches: ce serait une dépense très considérable, s'il n'était possible d'en tirer aucun parti ; mais on se tromperait fort si l'on en jugeait par le peu que produisent les travaux actuels de nos écoles d'arts et métiers.

A Lille, l'entreprise des travaux, le paiement des ouvriers et des matières, sont concédés à un entrepreneur intelligent, sorti lui-même des écoles d'arts et métiers, qui compte bien, pendant les cinq années de son entreprise, en tirer un très bon parti. Sa réussite ne nous paraît pas douteuse : les élèves prendront plus de goût à leur travail parce qu'ils verront qu'il est déjà utilisable ; au point de vue financier, comme au point de vue de l'instruction technique, cette combinaison est donc digne d'intérêt. Appliquée avec le même discernement dans les écoles nouvelles, elle serait de nature à en réduire les charges dans une proportion importante, sans pour cela créer à l'industrie privée une concurrence qui puisse lui porter ombrage.

§ 5. — Nouveau plan d'écoles professionnelles annexées aux lycées et colléges.

Les trois établissements que nous venons de citer ne sont pas les seuls qui soient consacrés à l'enseignement professionnel, mais il suffit à notre but d'avoir fait connaître les trois types les plus distincts que nous ayons rencontrés. Les mêmes motifs ont amené partout des essais, et l'on peut dire en toute assurance que la satisfaction de ce besoin est l'objet général des préoccupations de toutes nos villes manufacturières. M. le ministre de l'instruction a mis à l'étude tout un plan d'organisation dans lequel, aux lycées et aux collèges communaux, seraient annexées des écoles professionnelles pour les élèves dont les familles le demanderaient. C'est là sans doute la preuve la plus indiscutable du besoin auquel il faut pourvoir, mais la solution annoncée est loin de nous paraître la meilleure : quoique l'on fasse pour la mettre en œuvre, on n'évitera pas une sorte de classement des élèves en bons et en mauvais : les bons, ce seront ceux qui feront toutes leurs classes ; ils seront l'objet de toutes les préférences, par cela seul qu'ils seront la représentation la plus élevée et comme la sanction de la bonne direction des études ; les mauvais seront ceux qui, par suite des conditions matérielles de la vie de leur famille, devront être plus tôt préparés à prendre place dans la vie pratique.

Pour ceux-là peut-on espérer des encouragements et une émulation convenable ? Par suite de l'infériorité relative de ces élèves les sarcasmes ne manqueront pas de se produire ; de là une lutte impitoyable et incessante qui se traduira tôt ou tard par une séparation à laquelle il ne faut pas s'exposer. Que si pour cette raison et pour d'autres, on veut employer le même personnel pour les deux ordres d'études, il se présentera des inoonvénients non moins graves.

C'est dans les collèges communaux que se fait sentir davantage la nécessité qui nous occupe : aussi est-ce dans quelques-uns de ces établissements, un peu plus livrés à eux-mêmes, que les premières tentatives de l'enseignement professionnel se sont faites, et il y a même cela de remarquable que la pratique des exercices du travail manuel s'y est introduite aussitôt. On a voulu, par raison d'économie sans doute, y faire des cours à deux fins : des cours communs aux élèves ordinaires, nécessairement plus âgés, mais plus difficiles quant à la logique des idées, et aux élèves spéciaux, plus jeunes, non encore exercés, et auxquels il faut, par conséquent, parler un langage tout différent. Le succès n'a pas sanctionné jusqu'ici ces tentatives. Elles prouvent, jusqu'à l'évidence, que, ne fût-ce qu'au point de vue de l'ordre, de la méthode et de l'émulation, l'enseignement professionnel ne peut et ne doit fructifier qu'en dehors des établissements universitaires.

Nous aurons occasion de dire ailleurs que les hommes si précieux et si intruits que se vouent avec tant d'abnégation à l'enseignement de la jeunesse dans nos lycées, n'ont, au point de vue technique, aucune des qualités qu'il importe de rencontrer dans le personnel de l'enseignement industriel ; l'examen de ce qui se passe dans les écoles impériales d'arts et métiers suffit pour faire voir que ce personnel enseignant peut, sans inconvénient, être moins instruit dans les sciences pures, pourvu qu'il soit infiniment plus pratique.

§ 6. — Organisation de l'enseignement industriel dans les pays étrangers.

Nous aurions vivement désiré qu'il nous fût possible de donner, sur la plupart des établissements techniques de l'Europe, des renseignements aussi certains; on y aurait vu que les mêmes nécessités ont conduit partout à des créations analogues. Quoique presque tout soit à faire en France, nous n'avons rien, cependant, à envier aux autres peuples : déjà nos institutions servent de modèles aux créations nouvelles qui se forment, et nous paraissons appelés à marcher à la tête du mouvement qui se prépare de tous côtés.

Le fait le plus important qui ressorte des renseignements qui nous sont parvenus, c'est que le travail manuel est généralement introduit comme élément indispensable dans tout enseignement spécial. On compte déjà, en Allemagne, un grand nombre d'établissements voués à l'enseignement industriel : ils empruntent aux habitudes générales de la nation un caractère particulier : les élèves en suivent les cours comme externes, et ces cours sont, pour la plupart, consacrés tout à la fois aux études scientifiques les plus élevées et à leurs applications pratiques. L'Autriche fait, dans le même esprit, d'aussi grands efforts que la France pour créer, sous la surveillance et le patronage des autorités locales, un véritable enseignement professionnel ; les écoles dites intermédiaires sont, sous ce rapport, très remarquables ; à ces exceptions près, on peut dire, d'une manière générale, que, dans les établissements principaux, l'enseignement est plus polytechnique que professionnel ; on se préoccupe davantage d'assurer à chaque pays cet enseignement scientifique élevé dont notre École polytechnique a inauguré, vers la fin du dernier siècle, le principe avec tant d'éclat. Parmi les États allemands, le Wurtemberg est celui qui se distingue le plus par son ardent désir de constituer l'enseignement industriel sur de larges bases : une commission royale y est incessamment occupée à diriger le mouvement général des esprits. En Belgique, on est beaucoup plus avancé dans la pratique de l'enseignement industriel, et c'est peut-être une loi commune à tous les peuples de ne se préoccuper de l'enseignement industriel des masses qu'après avoir pourvu d'une manière suffisante à celui des sciences d'application. L'école de Liège, entre toutes, tient à se distinguer par un caractère essentiellement pratique, et nous apprenons avec plaisir qu'on y organise, en ce moment même, un laboratoire public pour l'enseignement spécial et les manipulations de la chimie industrielle, telles qu'elles sont pratiquées dans les usines. C'est également dans le même pays que les écoles d'apprentissage ont pris leur développement le plus marqué : on n'y compte pas moins de soixante-huit de ces établissements, dans lesquels les enfants travaillent pour le compte d'entrepreneurs et sont surveillés par les autorités locales. Dans la plupart des collèges communaux les élèves se livrent aussi aux exercices des professions manuelles.

Au point de vue qui nous intéresse, la Suisse ressemble

à l'Allemagne. L'Italie possède plusieurs établissements techniques, mais le travail manuel n'entre pour une part importante que dans l'École des arts et métiers de Naples, organisée complètement sur les mêmes bases que les nôtres. Les Instituts polytechniques de Madrid et de Lisbonne ont, l'un et l'autre, des ateliers à leur disposition, et leurs directeurs attachent un grand prix à cette partie importante de leurs moyens d'action. En Russie, l'Institut technologique de Saint-Pétersbourg et l'École des métiers de Moscou sont les seuls établissements dans lesquels le travail manuel entre pour quelque chose dans l'enseignement professionnel. En Suède, l'école industrielle royale de Stockholm représente d'une manière remarquable le nouvel ordre d'idées qui doit, avant longtemps, recevoir une consécration générale.

L'Angleterre ne nous a fourni jusqu'ici le sujet d'aucune observation. C'est qu'en effet l'enseignement industriel se fait presque exclusivement dans les usines : il en devait être ainsi dans un pays où l'on abandonne rarement la carrière dans laquelle on est né ; mais on aurait tort de croire que l'absence presque absolue d'établissements spéciaux d'enseignement n'y soit pas considérée comme une lacune regrettable ; les *Mechanic's Institutions*, sortes de lieux de réunion dans lesquels la population ouvrière trouve, sous une autre forme, à s'instruire, ne répondent pas d'une manière suffisante à cette lacune. Nous n'en chercherons la preuve que dans un seul fait, mais il est parfaitement caractéristique.

On a fondé, depuis douze années, à Londres, un établissement important qui, sous le nom de Musée de géologie pratique, a ouvert plus récemment des cours publics pour les principales sciences d'application. En Angleterre tout se paie, et les fondateurs de ce bel établissement n'ont pas cru déroger, en exigeant des auditeurs une certaine rétribution. Malgré cette barrière fiscale, ce sont exclusivement les ouvriers de la ville et des faubourgs qui remplissent les amphithéâtres et qui se montrent les plus assidus.

CHAPITRE II

BASES D'UNE ORGANISATION DE L'ENSEIGNEMENT INDUSTRIEL

L'enseignement industriel sera considéré par nous dans une acception plus restreinte que celle sous laquelle on envisage habituellement l'enseignement professionnel, et il nou semble que c'est peut-être pour ne pas avoir établi une suffisante distinction entre eux qu'on n'a pas encore posé, d'une manière assez nette, les principes qui doivent présider au premier de ces enseignements.

L'enseignement industriel comprendra, pour nous, et à tous les degrés, tout ce qu'il est nécessaire ou seulement utile de savoir pour la pratique d'une industrie.

Les opérations industrielles sont exclusivement réalisées par les mains ou sous la direction des ouvriers, des contremaîtres, des ingénieurs et des fabricants; ils ont tous besoin de certaines connaissances communes; il leur est donc indispensable de comprendre le même langage, et d'être initiés, bien que d'une manière différente, aux mêmes vérités fondamentales: les notions élémentaires de mécanique doivent être familières aux moins instruits, au même titre que les premières notions du calcul sont indispensables pour l'employé le plus infime d'une maison de commerce.

Si ces connaissances générales sont réellement utiles, pour les ouvriers comme pour ceux qui les dirigent, il faut qu'ils puissent les acquérir le plus tôt possible, et personne ne peut prévoir les progrès qui seraient infailliblement réalisés par une population ouvrière plus instruite, et capable d'appliquer à son travail de tous les jours les moindres notions théoriques. L'ouvrier est spécial pour un objet, pour une opération déterminée; c'est lui qui est le plus apte à créer ces perfectionnements de détail, qui sont effectivement dus, pour la plupart, à ces nombreux ouvriers en chambre, dont l'habileté exceptionnelle est certainement pour beaucoup dans la supériorité des produits de l'industrie parisienne. Ces ouvriers en chambre sont en général plus intelligents et plus instruits que la plupart des ouvriers des usines; ils cherchent par tous les moyens à développer leur habileté naturelle et à compléter leur instruction. Bon nombre d'entre eux sont les auditeurs les plus assidus du Conservatoire, et rien n'est plus parfait que leur outillage spécial.

Dans les usines le rôle des ouvriers s'est bien modifié depuis un demi-siècle; on trouve chez eux moins d'habileté manuelle que par le passé, et les ajusteurs des pièces de précision deviennent de plus en plus rares ; il y a même, sous ce rapport, une pénurie qui commence à devenir très fâcheuse et contre laquelle il importe, pour certaines industries, de se mettre en garde. Cette transformation est la conséquence naturelle des changements apportés par les machines dans les moyens généraux de production. L'ouvrier qui produit plus avec une machine devient une sorte de contremaître qui doit plutôt savoir apprécier le travail que l'exécuter ; à ce point de vue son rôle s'est relevé; mais combien ne serait-il pas désirable de remplacer les anciennes qualités qui lui échappent, par une instruction plus générale, et surtout par une activité d'esprit qu'il n'est possible de développer chez lui qu'à la condition de lui apprendre à comparer le mode de travail qu'il met en œuvre avec les différentes méthodes qui pourraient conduire au même but?

Cette faculté d'étudier par comparaison ne peut être développée qu'à la condition d'exciter chez l'ouvrier le désir d'apprendre ; et ce désir même doit être le premier résultat d'un enseignement industriel bien dirigé.

Combien de jeunes intelligences se seraient éveillées aux premières notions de la science, si la moindre lueur leur était apparue dans des circonstances favorables ! Combien se sont repliées sur elles-mêmes pour n'avoir jamais été placées dans le milieu favorable à leur rapide développement !

Dans l'ancienne société, celui qui naissait dans une humble condition sociale était fatalement destiné à y vivre et à y mourir; l'apprentissage suffisait pour donner un moyen de ne pas mourir de faim ; mais on n'avait nul souci de cultiver de bonne heure l'intelligence, nul intérêt à fait naître des aptitudes ou des aspirations auxquelles toute carrière était refusée.

Une grande commotion sociale a fait disparaitre cet ancien ordre des choses : chacun aujourd'hui a le droit de faire mieux que par le passé ; chacun a le droit de travailler à son bien-être personnel, en travaillant au bien-être de tous, et la nation la plus grande dans l'avenir sera celle qui, en élevant toujours le niveau des connaissances humaines, aura en même temps fait surgir de toutes les classes de la société les progrès industriels les plus marqués, les moyens de production les plus rapides et les plus économiques.

Chaque jour, les organes de la presse enregistrent les découvertes les plus prodigieuses, et la multitude de ces découvertes est bien certainement le caractère le plus saillant de notre époque ; mais ce que l'on ne dit pas, ce sont les déceptions que l'expérience amène, lorsque les difficultés de la mise en œuvre se produisent. L'invention qui ne naît pas de l'atelier est la plupart du temps inapplicable, si elle n'est pas la conséquence plus ou moins immédiate de quelque vérité scientifique. A l'une des extrémités de l'échelle, les ingénieurs, qui sont les véritables hommes de science de l'industrie, à l'autre extrémité, les ouvriers, qui perfectionnent les procédés dans leurs détails, voilà généralement les auteurs des améliorations sérieuses que l'on a vu s'opérer dans les procédés industriels. Rendre plus complète l'instruction technique des uns et des autres, ce serait donc favoriser l'esprit d'invention dans ce qu'il a de plus respectable, et c'est assurément là le devoir d'une bonne administration.

Nous ne parlerons pas ici des inventeurs de profession

qui, sans aucune connaissance des procédés déjà existants, sans aucune suite dans les idées, poursuivent, trop souvent à tort et à travers, la réalisation de vœux chimériques ou de conceptions impossibles.

Aujourd'hui, comme dans l'ancienne organisation, les enfants des familles d'ouvriers sont, en général, privés, en dehors de l'apprentissage, de tout enseignement professionnel Ils apprennent à l'école primaire la lecture, l'écriture et un peu d'arithmétique; mais ils ne connaissent pas, même de nom, les sciences les plus importantes par leurs applications, et ils ne peuvent plus acquérir aucune notion exacte que dans la pratique de l'atelier.

Malgré la compression exercée par l'ensemble de ces circonstances défavorables, il arrive parfois, cependant, que des hommes naturellement bien doués, chez lesquels le sens pratique et la réflexion sont vigoureusement développés, s'élèvent, de degré en degré, jusqu'au premier rang parmi les travailleurs ; ingénieurs par sentiment plutôt que par instruction, ils doivent être, pour nous, l'objet d'une véritable vénération; et s'ils sont parvenus, par eux-mêmes et sans être aidés par le moindre fil conducteur, à rendre à l'industrie des services considérables, n'est-il pas permis de penser qu'ils eussent fait de bien plus grandes choses encore s'ils avaient dès leurs débuts, trouvé quelques points d'appui dans un enseignement convenablement approprié ?

Le pays aurait donc tout à gagner à distribuer avec la libéralité la plus grande, à tous les hommes de travail, un enseignement utile, très simple dans ses déductions, immédiatement assimilable pour tous, mais offrant surtout cet avantage de faire naître des vocations, et de faire discerner les aptitudes les mieux déterminées.

S'il était démontré qu'un pareil enseignement n'est pas un rêve irréalisable, on nous objecterait, sans doute, qu'il aurait immédiatement pour résultat d'exciter de nouvelles ambitions, et que notre société n'est déjà que trop tourmentée du désir que montre chacun d'arriver à une condition plus élevée que celle du milieu dans lequel il s'est développé.

Nous sommes, à cet égard, de l'avis d'un homme illustre M. Guizot. Il n'est plus temps de discuter : dès qu'on a commencé à nstruire les masses, il faut les instruire de plus en plus ; et, au point de vue du développement de notre industrie, ce déclassement, que l'on reproche aux fils de la bourgeoisie, est une nécessité pour les fils d'ouvriers. Si, en effet les uns abandonnent, pour des carrières plus libérales, celles de leurs pères, à moins de faire le vide dans les professions industrielles, il faut bien réparer les pertes en amenant dans ce même milieu une nouvelle armée d'intelligents travailleurs. Nous ne nous arrêterons donc pas à cette objection, et au risque de faire naître quelques ambitions honnêtes, et par cela même légitimes, nous examinerons si l'enseignement industriel, tel que nous l'avons défini, peut être utilement organisé au profit des enfants qui suivent déjà les travaux de nos manufactures.

La plus grande difficulté réside, pour ces enfants, dans la nécessité où ils sont d'ajouter le plus tôt possible, par un travail salarié, aux ressources de la famille. L'école primaire, que personne ne songe plus à discuter aujourd'hui, est déjà aux prises avec cette nécessité, et il serait impossible de songer à prolonger, sous une autre dénomination, la durée des études, sans se heurter contre des impossibilités bien souvent insurmontables.

A douze ans, l'enfant doit pourvoir à sa propre subsistance, si déjà il ne vient pas en aide à ses parents : il faut qu'à ce moment, il poursuive son apprentissage manuel ; il ne peut plus en distraire que quelques heures dans la soirée, et l'on est trop disposé à croire que ces quelques heures seraient absolument insuffisantes pour lui faire acquérir les notions scientifiques les plus élémentaires.

Si dans les lycées, quatre ou cinq années d'un travail continu sont à peine suffisantes pour faire comprendre, à des élèves préparés par des études antérieures, les premiers éléments des sciences exactes, comment penser qu'un travail de deux heures par jour, après la fatigue du travail manuel, puisse produire quelques fruits? C'est là, sans doute, une objection grave, et il est loin de notre pensée de critiquer la féconde organisation de notre système universitaire, si bien fait pour développer, tout à la fois, les connaissances littéraires et les connaissances scientifiques. Nous sommes les premiers à reconnaître que tout ce temps est nécessaire pour former des esprits supérieurs ; mais ce n'est pas, pour nous, une raison de croire que, pour ceux qui ne peuvent disposer de toutes ces années nécessaires à l'instruction complète, il n'y ait absolument rien à faire.

Si la géométrie, par exemple, ne pouvait être enseignée qu'avec le livre de Legendre, proposition par proposition, et par les méthodes si bien appropriées à l'enseignement universitaire, nous reculerions, des premiers, devant la pensée d'appliquer ces méthodes à des enfants de douze ans, dont l'esprit est peu préparé, chez lesquels cependant il est de nécessité de faire naître, dès les premiers jours, la confiance dans l'utilité de l'enseignement et surtout le désir d'apprendre, ce stimulant indispensable sans lequel aucun système ne saurait aboutir.

Les enfants des écoles primaires, lorsqu'ils entrent en apprentissage, savent peu de chose. On ne doit supposer chez eux que la connaissance de la lecture, de l'écriture, de la langue française, des premières règles d'arithmétique, et dans certaines circonstances, un peu de pratique du dessin.

Avec ces premières notions, ils nous paraissent suffisamment préparés à un enseignement spécialement industriel qui aurait pour but la connaissance plutôt que la démonstration des principes de géométrie, de mécanique, de physique et de chimie, sur lesquels sont basés les divers procédés industriels.

La connaissance pratique des outils et des matières suppléera pour eux à toute autre préparation, si l'on sait mettre en œuvre les ressources que comportent les appréciations qui naissent de la vue des choses. Considéré tout d'abord, à ce point de vue restreint, l'enseignement industriel s'adresse à d'autres natures d'esprit pour lesquelles le sentiment des choses matérielles est un précieux moyen d'initiation.

L'enseignement scientifique des établissements universitaires procède de la théorie à la pratique, de théories longues et compliquées à quelques points d'une pratique nécessairement restreinte ; il a raison en cela, puisque son but principal est d'exercer les élèves auxquels il s'adresse à une véritable gymnastique de l'intelligence.

L'enseignement industriel, pour porter des fruits immédiats, doit procéder à l'inverse : il doit prendre son point de départ dans les faits, et ne s'occuper que des théories dont il peut montrer les applications matérialisées. Au lieu de déductions rigoureuses, destinées à rendre l'esprit de plus en plus exigeant, il doit surtout s'appliquer à développer le sens pratique, en lui fournissant des moyens d'investigation plus rationnels et plus scientifiques ; au lieu d'arriver lentement à la connaissance de quelques faits par la théorie, il ouvrira plus rapidement le champ des appréciations théoriques, en se servant des faits eux-mêmes pour faire comprendre toute l'étendue que peuvent embrasser ces appréciations.

Dans notre opinion, il ne serait pas indispensable de définir les différentes sciences, ni même de consacrer des leçons spéciales aux aperçus qui les distinguent; l'enseignement pourrait se limiter à deux cours distincts : celui du dessin géométrique, et celui de la technologie générale. Dans le cours de dessin, on habituerait les élèves aux méthodes de projection, et on les exercerait au calcul artithmétique des lignes, des surfaces et des volumes, en nombres entiers et en fractions. Ce serait un véritable exercice d'applications géométriques, avec exemples gradués, mais simples, et l'on pourrait utilement exercer les élèves à représenter les relations entre différentes quantités numériques, soit par des tableaux des valeurs successives, soit par des courbes sur lesquelles on inscrirait, chaque fois, les formules analytiques correspondantes.

Ce seul cours de dessin, bien compris et généralisé, suffirait déjà pour assurer, dans la pratique des procédés industriels, une précision à laqu'elle on n'atteint aujourd'hui que dans certaines localités, ou dans quelques industries exceptionnelles. Les principales règles du calcul des pièces seraient, pour les moins intelligents, le résultat le moins problématique des premiers exercices que nous aurions à recommander.

Le cours de technologie n'est pas aussi facile à définir. Ce serait, dans notre manière de voir, une succession d'études sur les outils, sur les matières premières, sur les produits, sur les procédés, en un mot sur tout ce qui est matérialisé dans la pratique des ateliers ; chacune d'elles, entièrement indépendante de toute autre, serait conduite de manière à faire ressortir, à propos de chaque objet, les principes de géométrie, de mécanique, de physique et de chimie, qui ont, avec sa constitution ou son emploi, quelques rapports plus ou moins immédiats.

L'absence de tout ordre réglementé, dans cet enseignement, sera vivement critiquée sans doute, à une époque où il a semblé nécessaire d'enlever à nos professeurs des collèges toute initiative dans l'interprétation des programmes, par suite du trop grand abus qui en avait été fait ; mais il ne faudrait pas croire cependant que la liberté, selon nous désirable, eût pour résultat d'échapper à toute méthode. Sans doute, ce ne serait plus la méthode synthétique qui a, jusqu'ici, le privilège d'initier nos enfants aux théories scientifiques, et à laquelle nous reprocherions volontiers de les jeter dans un même moule, en sacrifiant ainsi les habitudes de réflexion et la spontanéité naturelle à l'obligation de passer en revue, dans un temps donné, la plus grande somme possible de connaissances. Notre méthode serait exclusivement analytique. Après la description des faits et leur examen minutieux, elle comparerait cependant chaque solution de détail aux solutions par lesquelles elle pourrait être remplacée ; elle les discuterait dans leurs avantages comparatifs, et montrerait, en définitive, comment elles sont, sous leurs différentes formes, liées à certaines règles générales, à certains principes bien déterminés, et surtout définis avec une clarté suffisante. Ces principes généraux, à l'énoncé desquels chaque question isolée devrait conduire, seraient précisément ceux dont l'ensemble constitue les différentes sciences d'application, et qui, présentés dans un ordre plus logique, forment la base première de l'enseignement scientifique de nos lycées.

En supposant que cette méthode analytique puisse conduire les différents ordres de travailleurs à l'intelligence, sinon complète, mais au moins exacte et saine, des principales vérités scientifiques, il importe, avant tout, de trouver, pour l'organisation de notre industrie, le personnel nécessaire à son application.

Or, à qui pourrait être confié un enseignement de cette nature, si ce n'est à ceux qui possèdent à la fois une certaine somme de connaissances industrielles et scientifiques? C'est dire qu'il ne pourrait être mis entre les mains des professeurs de nos collèges. Ils ont une grande mission à remplir ; ils s'y dévouent avec un zèle que personne ne voudrait contester ; mais, par cela même qu'ils sont exclusivement voués aux idées spéculatives, qui absorbent toutes leurs veilles, ils sont peu aptes à se familiariser avec les applications industrielles qu'ils n'ont pas le temps d'étudier, et dans lesquelles ils ne trouveraient aucune des satisfactions de l'esprit, telles qu'ils les recherchent. De là, cette conséquence inévitable que, si l'on veut créer un enseignement qui soit réellement industriel, il faut le constituer avec un personnel qui lui soit propre.

Le double caractère que doit présenter cet enseignement n'existe, à différents degrès, que chez les ingénieurs, les dessinateurs de machines, les industriels instruits, et chez quelques contremaîtres qui ont acquis dans les écoles spéciales un certain degré d'instruction dans les sciences mathématiques et physiques. Les gardes-mines, et la plupart des conducteurs des Ponts et Chaussées, nous paraîtraient dans une excellente condition pour satisfaire à notre programme de l'enseignement industriel du premier degré, dont nous nous réservons de définir ultérieurement le rôle par rapport aux établissements d'un ordre plus élevé.

En venant nous heurter, presque à chaque ligne, contre des opinions bien différentes des nôtres, nous éprouvons le besoin de justifier des appréciations qui pourraient paraître paradoxales ; l'intérêt même de la question, pour notre prééminence industrielle, nous oblige à les discuter. Pourquoi chercher jusque dans les rangs des travailleurs un personnel enseignant dont l'instruction littéraire pourra souvent laisser à désirer, alors qu'il ne manque pas de jeunes gens plus instruits, ayant fait toutes leurs humanités, et qui ne trouvent pas, pour cela, à se créer une position indépendante, et compatible avec le degré d'instruction qu'ils ont reçu ? Pourquoi, s'il est nécessaire de créer un enseignement industriel, ne pas le rapprocher autant que possible de l'enseignement universitaire ? Pourquoi ne pas adopter des plans analogues à ceux de cet enseignement professionnel qui fonctionne déjà, plus ou moins bien, dans un certain nombre de nos collèges communaux ? A ces questions, il faut une réponse précise, et la voici : pour enseigner, il faut savoir, et, pour comprendre un programme et l'exécuter, il faut avoir vécu de la vie qui rend ce programme nécessaire.

Il n'est d'ailleurs pas question de créer tout un personnel spécial à côté du personnel qui enseigne aujourd'hui ; il s'agit tout simplement d'utiliser certaines forces du pays au développement d'institutions nouvelles, et dont la première condition est de pouvoir s'appliquer tout aussi bien dans les usines mêmes que dans les principales villes manufacturières. Dans la plus petite ville de fabrique, le local de l'école primaire pourra être consacré à l'enseignement du soir : le grand industriel tiendra à honneur d'avoir son école industrielle indépendante, et les hommes utiles dont nous parlions tout à l'heure trouveront, nous n'en doutons pas, un véritable plaisir à rehausser le mérite de leurs modestes fonctions par celui d'un enseignement qui ne leur demanderait d'autre travail que celui de mettre en ordre les observations de leur pratique personnelle, et de les placer à côté des principes scientifiques qui en sont inséparables.

On écrirait un volume plein d'intérêt sur le rôle qui est réservé, par la force même des choses, aux ingénieurs de profession dans l'avenir de l'enseignement industriel. Mais, sans porter nos vues aussi haut, il nous sera facile de trouver dans les faits déjà constatés, tous les arguments nécessaires pour rassurer complètement les plus incrédules sur les craintes qu'ils pourraient conserver, quant aux professions dans lesquelles nous croyons qu'un excellent personnel peut être recruté.

Les professeurs de nos écoles impériales d'arts et métiers sont, depuis 1839, nommés au concours, et presque toujours les candidats appartiennent déjà à ces écoles comme chefs ou sous-chefs d'atelier. Dans les concours les plus récents, les jurys dont nous faisions partie ont été frappés de la netteté et du sens parfaitement droit de ces jeunes gens, qui n'avaient cependant reçu d'autre instruction que celle des écoles d'arts et métiers elles-mêmes ; et dans le dernier de ces concours, nous avons été conduits, en nous fondant exclusivement sur le mérite personnel des candidats, à proposer, seulement pour la troisième place, un licencié ès sciences mathématiques, qui n'avait pu montrer ni plus de précision dans ses démonstrations, ni une meilleure méthode que ses concurrents dans le sujet de leçon qu'il avait eu à traiter. Cela s'est vérifié pour ainsi dire à tous les concours depuis qu'ils sont établis. Nous aurons l'occasion de citer quelques faits plus frappants encore, et qui montreront jusqu'à quel point l'enseignement pratique, développé sous l'influence d'un petit nombre de notions théoriques, exactes, contribue à former des hommes d'un sens droit, d'une appréciation sûre, et dont l'influence sur nos élèves apprentis serait, sans aucun doute, des plus utiles.

Ces considérations seront facilement comprises par les industriels; et ils reconnaîtront sans difficulté que leurs ingénieurs et leurs contremaîtres acquerraient, s'ils entraient dans cette voie, auprès des apprentis et des ouvriers eux-mêmes, une influence qui leur assurerait d'ailleurs, avec la jeune population de ces usines, une communauté de vues et une facilité qu'ils ne trouvent pas, jusqu'ici, pour l'exécution intelligente des améliorations qu'ils prescrivent.

Sous cette forme, la création d'un enseignement industriel dans un grand nombre de localités, ne serait pas une œuvre difficile au point de vue de la dépense, puisqu'elle serait ou gratuite ou le plus souvent à la charge des industriels; l'insuccès lui-même ne serait point à craindre, puisqu'il n'aurait pu, dans aucun cas, produire que du bien.

Ce qui recommande surtout cette tentative, c'est que l'enseignement revêtirait, en chaque lieu, un caractère essentiellement local. Dans son application aux grandes cités manufacturières, il se spécialiserait davantage, suivant les ressources dont on pourrait disposer. Au lieu de confier à un seul professeur l'enseignement technologique complet, on pourrait le subdiviser en un certain nombre de cours spéciaux qui, pour être consacrés exclusivement aux études de mécanique, de physique ou de chimie, n'en seraient pas moins soumis d'une manière absolue à la méthode analytique que nous avons définie, ou à toute autre méthode analogue, réunissant les avantages d'un certain nombre de leçons isolées, indépendantes pour ainsi dire, et définissant, par la pratique, les principales lois des phénomènes engagés dans la solution des divers problèmes de l'industrie.

Les tentatives isolées qui se sont produites, depuis quelques années surtout, sur un grand nombre de points, ne nous laissent aucun doute sur les facilités que l'on rencontrerait près des administrations locales et chez les industriels, pour faire réussir cette idée si, reconnue pratique, elle était recommandée par l'Administration. L'enseignement ne ferait pas défaut; mais la question est plus incertaine de savoir si les bienfaits de cet enseignement seraient assez appréciés, pour que les personnes qui s'y dévoueraient fussent récompensées par la certitude d'avoir toujours un nombre suffisant d'élèves, et de les voir profiter de leurs leçons.

C'est sur ce point seulement que la tutelle de l'Administration doit s'exercer. Il ne suffirait pas que la plupart des élèves devinssent des ouvriers habiles, que quelques-uns se fissent remarquer par des aptitudes mieux destinées; il faudrait absolument que ce premier degré de l'enseignement industriel eût, pour quelques-uns au moins, sa sanction officielle par l'admission gratuite des meilleurs élèves dans les écoles du gouvernement.

Le programme actuel des connaissances nécessaires à l'admission dans les écoles impériales d'arts et métiers n'exige pas autre chose, à la rigueur, que l'instruction des écoles primaires et celle du cours de dessin tel que nous avons cherché à le définir. S'il y avait, à cet égard, une légère nuance, il faudrait la faire disparaître, et l'on verrait bientôt à quel degré l'émulation s'élèverait, chez les élèves et chez les maîtres, pour atteindre à ce premier échelon d'uue condition sociale différente.

Entrer dans les écoles d'arts et métiers, ce serait, dans les familles ouvrières, le but de toutes les aspirations; on y mettrait tout son orgueil; et cet orgueil, parfaitement légitime, exercerait une influence considérable sur la moralisation et sur l'instruction professionnelle de ceux-là même qui n'y seraient point appelés.

Quant aux charges résultant de la gratuité dans ces établissements de second ordre, elles seraient en partie couvertes par l'intervention des budgets municipaux, qui ne seraient appelés à faire des sacrifices qu'en parfaite connaissance de cause, et qui attireraient facilement à leur aide les chefs d'usines les plus éclairés.

Si le nombre actuel des écoles d'arts et métiers devait suffire, cette question de la gratuité n'aurait aucune importance, puisqu'elle est déjà consacrée, pour la presque totalité de la dépense, par les budgets de l'État ; mais ce nombre serait bientôt insuffisant, lorsque l'enseignement industriel des apprentis prendrait les proportions convenables, et il faut, dès à présent, examiner les conditions auxquelles il faudrait satisfaire pour les multiplier.

Chacune des Écoles de Châlons, d'Aix et d'Angers coûte réellement à l'État 250,000 francs pour trois cents élèves, sans compter l'intérêt des immeubles. Le chiffre porté au budget des dépenses est plus considérable, mais il y a lieu d'en déduire les versements faits pour les pensions ou pour la vente des produits. Il est certain que cette dernière source de revenus pourrait être améliorée d'une manière notable, si les écoles étaient placées dans les centres manufacturiers, où certainement se feraient, s'il y avait lieu, les nouvelles créations. A supposer que les villes fournissent les locaux convenables, que les départements intervinssent, pour une certaine part, dans les dépenses annuelles, l'État n'aurait jamais à débourser plus de 50,000 francs par école de cent élèves, et personne ne contestera que cette dépense, relativement minime, ne fût un excellent emploi de la fortune publique, si elle devait exercer une influence quelque peu considérable sur l'avenir industriel du pays. Dix écoles de cent élèves ne coûteraient que 500,000 francs, et elles seraient certainement suffisantes pour répondre aux besoins que nous avons indiqués.

On pourrait sans doute arriver, sous une autre forme, aux mêmes résultats, si l'on cherchait à créer des écoles d'externes, qui, au moyen d'allocations en argent, faites par les communes ou les départements, trouveraient facilement leur nourriture et leur logement dans d'honnêtes familles. L'État n'aurait plus à pourvoir qu'aux exigences de l'enseignement lui-même, et la dépense totale serait de beaucoup diminuée. Un jour viendra où cette organisation, très généralisée déjà dans quelques pays, deviendra, nous le pensons, la règle commune.

La difficulté n'est pas tant dans la question de budget que dans la détermination des spécialités auxquelles les nouvelles écoles devraient être consacrées. Jusqu'à présent, l'expérience n'est décisive que pour les professions relatives au travail du bois et du fer ; elle est tellement indiscutable aujourd'hui, que l'on n'aurait aucune crainte à concevoir dans le cas où l'on voudrait créer de nouveaux établissements pour ces industries principales.

Mais cette sécurité dans l'application doit-elle être considérée comme une raison suffisante pour priver d'autres industries importantes des avantages déjà réalisés ailleurs? Les deux écoles de mineurs ont également réussi, mais elles sont moins considérables quant au nombre de leurs élèves, et il vaudrait mieux les agrandir que les multiplier. Les écoles d'horlogerie n'ont pas donné d'aussi bons résultats : elles ne s'adressaient pas à une industrie assez généralement pratiquée par les populations environnantes. On objecte à la création des écoles de filature et de tissage la nécessité de les doter d'un matériel immense, incessamment renouvelable, si l'on veut se tenir au courant de tous les progrès. Cette objection est-elle plus sérieuse que celle qui reprocherait aux écoles actuelles de ne pouvoir fournir de bons mécaniciens parce qu'elles ne possèdent pas les machines-outils les plus perfectionnés? Si l'on tient à former de bons ouvriers, d'habiles contremaîtres, on y arrivera plus sûrement d'ailleurs avec un matériel insuffisant, qu'en l'absence de toute école; et les industries de la filature et du tissage sont évidemmment celles qui ont le plus à attendre d'institutions de cette nature. En Allemagne, l'école de la chambre de commerce de Brünn prospère; en Belgique il existe, pour le tissage, près de soixante écoles d'apprentissage; et nous ne pourrions en, France, en créer une seule! Cette thèse ne soutient pas la discussion, et dix villes en France, sans compter Lyon, qui possède déjà l'École la Martinière, pourraient, à juste titre, réclamer la fondation d'établissements analogues.

Il est certain que le monopole de l'enseignement industriel ne doit pas être limité aux arts mécaniques, et, partout où l'industrie a pris un grand développement, de pareilles écoles prospéreraient encore mieux que celles déjà existantes: les arts textiles s'enseigneraient à Lyon et à Saint-Étienne, pour la soie; à Rouen, à Mulhouse et à Saint-Quentin, pour le coton; à Elbeuf, Louviers, Sedan et Reims, pour la laine; la teinture à Lyon; la céramique à Limoges, et tant d'autres industries ailleurs devraient donner lieu à des institutions analogues.

Il est à remarquer que la plupart de ces villes déplorent l'insuffisance des intitutions qu'elles possèdent déjà, et qu'elles s'efforcent d'y remédier par des créations nouvelles, ou municipales ou privées. Lille et Mulhouse ont des écoles d'arts et métiers dans lesquelles les élèves travaillent manuellement; la petite ville de Castres vient, avec ses seules ressources, d'annexer à son collège communal une école de même nature. Le moment est certainement venu pour l'État de régulariser ces tendances et de les diriger.

L'admission dans les écoles d'arts et métiers devant être, pour une grande part, la récompense du travail antérieur, il est indispensable que les programmes d'admission dans ces écoles restent ce qu'ils sont aujourd'hui, c'est-à-dire très simples; mais on pourrait, sans inconvénient, exiger beaucoup plus quant aux conaissances pratiques, pour les bourses, afin de ne mettre dans ces établissements du second degré que les jeunes gens que l'on serait à peu près sûr d'amener à être facilement des ouvriers habiles.

Quant au régime de ces écoles elles-mêmes, il nous semble que l'organisation actuelle est parfaitement satisfaisante : sept heures par jour de travail manuel, le reste du temps employé au dessin et aux mathématiques. On pourrait, suivant la spécialité de chacun des établissements, modifier les programmes, donner à l'enseignement de la physique et de la chimie, dans certaines circonstances, la prépondérance réservée avec raison à la mécanique dans nos écoles actuelles de mécaniciens. Des subdivisions différentes devraient d'ailleurs être établies; la filature et le tissage formeraient des sections tout aussi bien définies que celles de la forge, de la fonderie, de l'ajustage, des tours et modèles, entre lesquelles les élèves actuels sont répartis.

On nous permettra d'indiquer ici le caractère le plus saillant des résultats de l'enseignement actuel dans les écoles d'arts et métiers. De tous les établissements d'instruction de la France, ce sont elles qui fournissent les plus habiles dessinateurs: on ne pratique aussi bien le dessin des machines dans aucun autre établissement, et, sous ce rapport, on ne saurait faire une seule exception. Cette différence ne tient pas assurément à ce que le personnel enseignant y est meilleur; on ne peut l'attribuer absolument qu'à l'intelligence plus complète de l'objet et des formes de chaque organe, résultant tout à la fois de la nécessité de les exécuter, et de la connaissance des règles qui les déterminent. Il est probable que l'on formerait, pour le matériel des autres industries, des dessinateurs spéciaux avec la même facilité.

Il y a quelques années encore, l'instruction acquise par les bons élèves dans les écoles d'arts et métiers permettait aux plus courageux de tenter le concours d'admission à l'École centrale des arts et manufactures. Deux ou trois élèves chaque année réussissaient à ce concours; et, soutenus par des allocations départementales ou autres, aiguillonnés par le désir d'arriver à une carrière plus distinguée, ils atteignaient presque toujours le but de leurs désirs. et ils se signalaient, la plupart du temps, par l'obtention des premiers diplômes. Leur infériorité manifeste dans les applications algébriques était compensée par leur talent en dessin, et, dans les études de projets, cette même connaissance de la forme leur donnait une supériorité marquée sur tous les concurrents, dès qu'il n'y avait plus qu'à disposer et à représenter les détails de l'exécution.

La plupart de ces jeunes gens, vivant à Paris dans les conditions les plus modestes, au milieu de camarades plus riches et quelquefois moins assidus, ont tous fait honneur à l'école, et la plupart d'entre eux occupent aujourd'hui, à titre d'ingénieurs, des fonctions fort considérées.

Combien de fois avons-nous regretté que cette voie ne fût pas plus libéralement ouverte ! Les premiers élèves sortant de chacune de nos trois écoles industrielles se seraient élevés à une position meilleure; ils compteraient aujourd'hui parmi nos ingénieurs les plus distingués. Mais les écoles étaient encore suspectées, on leur reprochait de faire trop de contremaîtres et pas assez d'ouvriers; on leur reprochait leur principal mérite, on les attaquait dans leur efficacité même, et aujourd'hui qu'elles se sont relevées de ces attaques, on reconnaîtra sans peine qu'il vaut mieux former trois cents contremaîtres que trois cents ouvriers, et qu'il y aurait encore avantage à trouver parmi eux quelques ingénieurs.

L'enseignement industriel ne sera constitué sur des bases définitives et rationnelles que quand l'intelligence et le travail trouveront leur récompense dans les moyens de compléter sans entraves une instruction bien commencée.

Depuis que l'École centrale des arts et manufactures est devenue établissement de l'État, les connaissances exigées pour l'admission sont rendues plus rigoureuses; il serait impossible, sans dépasser le but, de faire entrer dans les programmes des écoles d'arts et métiers toutes les théories algébriques qui sont exigées des candidats à l'École centrale.

Il ne paraît pas que ces nouvelles conditions, plus rigoureuses, se soient traduites par une élévation dans le niveau des études. En tous cas, nous regrettons leur adoption, parce qu'elles altèrent le caractère de continuité qu'il nous paraît indispensable d'établir entre toutes les institutions qui ont, à divers degrés, le même objet général. Mais l'École centrale de Paris est et restera toujours un établissement exceptionnel, dont l'existence est nécessaire au développement de notre industrie, et cette existence ne serait pas compromise, parce que, sur les mêmes plans que les siens, des écoles d'ingénieurs se formeraient dans un certain nombre de nos grandes villes. Lyon a déjà son École centrale lyonnaise, et la création d'un plus grand nombre de ces établissements ne saurait avoir d'inconvénients, s'il était une fois établi que les diplômes d'ingénieurs n'émaneront que de l'autorité centrale et à la suite d'épreuves sérieuses, subies à Paris même. Les diplômes d'ingénieurs des arts et manufactures étant aujourd'hui délivrés par l'État, il importe de conserver à ce titre toute sa valeur et d'en réserver la jouissance exclusive à ceux qui en seraient pourvus. Si des établissements se formaient en province à l'instar de l'École centrale de Paris, quelques élèves arriveraient sans doute à cette distinction ; mais tous les autres, en prenant part aux travaux de l'industrie avec les connaissances théoriques et pratiques indispensables, assureraient à notre production, comme fabricants ou comme employés, le degré de supériorité vers lequel tous nos efforts doivent tendre plus que jamais.

On voit que ces établissements d'enseignement industriel, que nous pourrions désigner sous le nom d'établissements du troisième degré, se rattachent plus directement à la question de l'enseignement professionnel, dont nous nous proposons de nous occuper un peu plus loin. Jusqu'ici nous n'avons envisagé la question qu'au point de vue de l'instruction des jeunes ouvriers, et c'est dans ce cadre restreint que nous pouvons nous résumer déjà, en rappelant les caractères qu'il nous paraîtrait nécessaire de donner ou de conserver aux différents degrés de l'enseignement industriel.

Premier degré de l'enseignement industriel. — Cours spéciaux de dessin et de technologie élémentaire, créés, dans les villes et dans les fabriques, par les ingénieurs, les fabricants et les contremaîtres.

Ces cours, spécialisés dans leur objet, mais conçus de manière à faire comprendre les lois géométriques ou physiques auxquelles sont soumis les faits industriels, s'adresseraient aux apprentis de douze à seize ans, et seraient suffisamment développés pour permettre aux élèves intelligents l'entrée, avec dégrèvement de tous frais, dans les écoles du deuxième degré.

Deuxième degré de l'enseignement industriel. — Création, en plus grand nombre, d'écoles spéciales, sur le même type que nos écoles impériales des arts et métiers et sous la forme d'institutions municipales, départementales ou impériales, soumises à la surveillance du ministre de l'agriculture, du commerce et des travaux publics.

Conditions d'admission fondées sur des connaissances plus exclusivement pratiques, mais peu différentes des conditions actuelles ; bourses nombreuses réservées aux apprentis ouvriers et, de préférence, à ceux dont les parents auraient servi l'État dans la carrière civile ou militaire; travail manuel de six à sept heures par jour; enseignement théorique assez élevé pour assurer aux meilleurs élèves la possibilité d'être admis dans les écoles du troisième degré.

Troisième degré de l'enseignement industriel. — Création, dans quelques chefs-lieux des départements les plus industriels, d'écoles spéciales destinées à former des chefs d'établissements et des directeurs instruits; conditions d'admission graduées de telle façon que les meilleurs élèves des écoles du deuxième degré puissent y entrer gratuitement.

Cours d'études analogues à ceux de l'École centrale des arts et manufactures, et d'une durée de deux à trois ans.

Possibilité, pour les meilleurs élèves, de concourir aux diplômes d'ingénieurs, qui seraient exclusivement délivrés à Paris.

L'émulation seule produirait, dans ces conditions, des résultats incalculables, et chaque apprenti qui serait arrivé au sommet de l'échelle aurait centuplé, au profit de l'État, par son seul exemple, les sacrifices que l'État aurait faits pour lui.

Nous verrons bientôt que cette influence du bon exemple pourra s'exercer, au grand profit de tous, dans un tout autre milieu.

CHAPITRE III

ENSEIGNEMENT PROFESSIONNEL

Nous avons indiqué les moyens qui nous paraissent les plus propres à répandre les connaissances industrielles indispensables dans la jeunesse qui, à la sortie de l'école primaire, se destine aux travaux de l'industrie. Mais ces moyens ne sauraient s'appliquer au plus grand nombre des jeunes gens auxquels leurs familles désirent donner une éducation plus libérale et plus conforme à la position qu'ils sont destinés à occuper dans la société. Il ne faut point, pour ceux-là, commencer leur instruction industrielle par la lime et par le marteau, et il importe, au contraire, de leur réserver tous les bienfaits d'études littéraires plus ou moins complètes.

Pour ceux qui peuvent consacrer à ce résultat les ressources nécessaires et le temps convenable, on ne saurait trouver rien de mieux que les études universitaires aboutissant, à dix-huit ou vingt ans, à l'École centrale des arts et manufactures, ou à tout autre établissement analogue.

Les jeunes gens qui se seront patiemment soumis aux lenteurs calculées du système universitaire, qui nous est envié par les nations les plus avancées dans la civilisation, auront toujours un grand avantage sur les autres. Seuls, ils posséderont une instruction véritablement complète. La prééminence leur sera acquise dans toutes les positions, et les satisfactions de l'esprit ne cesseront de les accompagner dans toute leur carrière. C'est la route la plus infaillible, et par conséquent celle que l'on devra choisir lorsqu'aucune circonstance ne forcera de s'en éloigner; et, quelque sentier plus rapide que l'on prenne, il conviendra de ne dévier de la grande route que quand elle se trouvera, pour une cause ou pour une autre, fermée.

Les études littéraires pour former l'esprit et le cœur, les études scientifiques pour consolider le jugement et préparer aux applications de la vie réelle, les études techniques enfin pour connaître les limites de la puissance actuelle de l'homme et lui fournir de nouveaux moyens d'investigation : où chercher quelque chose de plus complet que cette succession d'études nécessaires, nous dirons même indispensables à l'ingénieur comme au médecin, comme à tous les hommes qui doivent, dans la vie publique, aider au progrès matériel ou moral de l'humanité?

Mais, qu'il s'agisse de faire un avocat, un soldat, un médecin ou un prêtre, nous trouvons toujours que l'enseignement spécial, celui qui touche de plus près à la pratique, que l'enseignement professionnel enfin s'acquiert en dehors des lycées, et cela parce que le personnel enseignant de ces lycées, tout philosophe ou savant qu'il puisse être, est par cela même presque complètement ignorant dans tout ce qui n'est pas du domaine de l'imagination ou de la science. Pour l'École polytechnique, pour l'École centrale, pour toutes les autres écoles de l'État, la même séparation existe parce qu'elle est dans la nature des choses; et nous demanderions, avec raison, à ces partisans trop exclusifs de l'omnipotence universitaire, pourquoi les mêmes professeurs inhabiles à l'enseignement professionnel, lorsqu'il doit s'adresser à des hommes dont le jugement est formé, deviendraient tout à coup indispensables et les seuls à la hauteur de la mission lorsqu'il faudra préparer des enfants plus jeunes, moins instruits, moins intelligents, et moins initiés aux mille nécessités de la vie pratique. Ce qu'ils sont incapables de faire à la fin des études classiques, ils le feront gauchement et mal dans toute autre circonstance.

Nous dirons donc aux parents avec une entière conviction : laissez vos fils au lycée tant que vous voulez qu'ils s'instruisent dans les lettres et dans les sciences pures; mais hâtez-vous de les retirer quand vous jugez le temps venu de commencer leur instruction professionnelle.

Ce qu'il leur faut alors, c'est le contact des hommes qui ont vécu dans leur profession, ce sont les conseils de leur expérience et de leur pratique. Si vous voulez, à tout prix, que cette instruction complémentaire soit acquise ailleurs que dans l'atelier, adressez-vous à des établissements spéciaux qui se créeront bientôt, soyez-en sûrs, parce qu'ils sont une des nécessités de la vie industrielle d'une grande nation telle que la nôtre.

Cela posé, voyons froidement si les éléments de cet enseignement spécial existent pour tous les âges, ou s'il serait possible de le relier à ceux dont nous avons parlé déjà dans ce qui précède.

L'enseignement oral des écoles d'arts et métiers devenues plus nombreuses, étant accessible pour les jeunes gens occupés déjà dans les ateliers industriels, il n'est pas douteux que bon nombre de familles trouveraient avantage à retirer leurs enfants des lycées, les uns un peu plus tôt, les autres un peu plus tard, pour leur faire acquérir de cette façon les notions scientifiques qui leur manquent. Ce serait pour elles un moyen de diminuer les dépenses qu'elles peuvent s'imposer, et de faire entrer beaucoup plus tôt leurs enfants dans la vie pratique, en les attachant à titre d'employés dans les usines.

Il ne nous paraît pas impossible de ménager la répartition du travail, dans ces écoles, de manière que l'enseignement théorique ait lieu le matin et le soir exclusivement, et que, par conséquent, il s'adresse tout à la fois aux élèves internes actuels et aux élèves externes, que nous voudrions amener dans les conditions spéciales que nous venons de définir.

On reprochera, sans doute, à ce système de mettre en contact continuel des jeunes gens jouissant d'une grande liberté et ceux qui sont maintenus par les exigences d'une discipline plus sévère. Nous croyons que l'on s'exagère les inconvénients de ce rapprochement; et, s'ils étaient si redoutables, on nous permettrait sans doute de nous étonner qu'on ait été forcé de l'admettre dans tous nos établissements universitaires Il n'y a pas de lycée qui n'ait ses externes, et ce ne sont pas toujours les élèves les moins travailleurs et les plus dangereux pour la discipline.

Si l'on accepte cette condition dans les établissements dépendant du ministère de l'instruction publique, nous ne verrions pas pourquoi l'on se montrerait plus difficile dans les écoles d'arts et métiers : les ressources que l'on assurerait à ces établissements, par l'admission d'élèves externes, auraient pour conséquence immédiate d'en rendre la création plus facile, puisque les sommes versées par ces derniers viendraient compenser, pour partie, la libéralité avec laquelle les élèves pensionnaires devraient être traités.

Cette condition exigerait, il est vrai, que les nouvelles écoles fussent toutes établies dans les villes de manufactures, où elles auront toujours un écoulement plus assuré et plus avantageux de leurs produits fabriqués.

La faculté d'admettre des élèves externes devrait, pour les mêmes raisons, être assurée aux écoles du troisième degré, dans les villes où l'on pourrait les organiser en pensionnats : elles serviraient alors, sous les deux formes, à compléter l'instruction professionnelle des chefs d'établissement et des ingénieurs.

Quant aux enfants dont les familles seraient trop éloignées des diverses écoles, ils trouveraient, sans doute, dans les établissements privés, qui ne manqueraient pas de se former en grand nombre, pour la préparation aux écoles d'arts et métiers, les premières notions scientifiques qui suffiraient souvent pour exciter ultérieurement, chez eux, le désir de s'instruire d'une façon moins incomplète.

Ce même avantage pourra être plus facilement obtenu dans toutes les localités où se donnerait ce que nous avons appelé l'enseignement industriel du premier degré, enseignement qui, suivant le programme général que nous en avons donné, conviendrait tout aussi bien aux enfants qui, au lieu d'être en apprentissage, vivraient dans leurs familles.

Si nous ne nous trompons pas dans ces appréciations, on voit qu'il serait possible de créer à peu de frais un véritable enseignement professionnel tout à fait indépendant de l'enseignement universitaire, que la société à tant d'intérêt à conserver intact. Les établissements dont nous avons esquissé l'organisation présenteraient, nous le pensons, de sérieux avantages : par cela même qu'ils auraient pour but avoué de ne se livrer qu'à l'enseignement industriel, ils ne seraient fréquentés que par ceux qui abandonneraient le collège d'une manière définitive, et qui pourraient obtenir, dans cette nouvelle direction, quelques succès, même après s'être fait remarquer parmi les élèves les plus incapables dans la première partie de leurs études. Condamnés à poursuivre toutes leurs classes avec des camarades plus intelligents, ils n'auraient pu que les suivre de loin, sans émulation et sans progrès, tandis qu'ils se révolteraient à l'idée de ne pas devenir au moins les égaux de ceux qui, voués seulement aux travaux manuels, deviendraient pour eux un exemple salutaire, dans les différents degrés de l'enseignement industriel. Les classes supérieures ne seraient plus fréquentées que par les jeunes gens les plus capables; les professions dites libérales ne souffriraient pas de cette combinaison, qui débarrasserait la route des nullités qui les encombrent; les écoles spéciales se recruteraient de vocations plus prononcées, et elles profiteraient ainsi du bien qu'elles feraient aux jeunes ouvriers qu'elles auraient admis à suivre leur enseignement.

A ce point de vue, on devrait attendre les meilleurs effets de l'émulation, de la concurrence qui s'établirait nécessairement entre les deux modes d'enseignement. Nous verrions tout à la fois, dans les écoles industrielles du troisième degré, les fils de famille qui auraient profité de toutes les études universitaires, les fils d'ouvriers qui seraient arrivés par leur seul mérite et par un travail soutenu, en même temps que ceux dont les parents auraient, pour une raison ou pour une autre, interrompu, plus tôt ou plus tard, les études classiques. Il serait très intéressant de les comparer les uns avec les autres; mais nous sommes, à l'avance, persuadés qu'en ce qui concerne le mérite relatif, comme ingénieurs ou comme industriels, les anciens apprentis seront, le plus souvent, au premier rang.

Alors il s'établirait entre les établissements eux-mêmes une sorte de rivalité très-désirable, qui ne permettrait à aucun d'eux de se maintenir dans une immobilité qui ne sait souvent tenir compte ni des besoins nouveaux ni des nécessités de chaque position individuelle. Cette rivalité serait, par elle-même, d'un grand effet; et ce serait une erreur grave d'y renoncer, en retenant dans les mêmes mains les études classiques, et les études que l'on voudrait, à tort, continuer à décorer du nom d'enseignement professionnel.

Pour chacun de ces enseignements, des livres spéciaux devraient être rédigés au point de vue de chacune des industries les plus importantes ; ces livres, destinés à l'enseignement industriel, pourraient être extrêmement variés, et ils devraient différer complètement des manuels plus ou moins complets, qui décrivent, la plupart du temps, les procédés sans les accompagner d'aucune indication sur les principes qui les recommandent et qui peuvent seuls les consacrer. Ces livres ne feront pas défaut : aussitôt qu'une tendance bien accusée se sera produite, on les verra surgir de toutes parts, et, pour régulariser ce mouvement, putôt que pour le provoquer, il sera seulement nécessaire de signaler les meilleurs à l'attention publique.

CHAPITRE IV

ÉTABLISSEMENTS SECONDAIRES D'ENSEIGNEMENT PROFESSIONNEL

Encore bien que l'organisation générale de l'enseignement professionnel, telle que nous venons de l'indiquer, puisse satisfaire à la plupart des exigences de la situation, il n'y aurait certainement aucun inconvénient à ce qu'il se formât un plus ou moins grand nombre d'écoles privées qui se chargeraient tout à la fois de l'enseignement primaire et de l'enseignement technique.

On devra se demander, cependant, quelle serait l'autorité à laquelle devrait incomber la surveillance de ces établissements. Le plus grand nombre de ceux qui existent aujourd'hui sont dans les attributions du ministère de l'instruction publique ; ce sont, pour la plupart, des pensionnats et même des collèges communaux qui préparent une partie de leurs élèves pour les écoles impériales des arts et métiers. Nous citerons, parmi les institutions privées, celle de M. Fleury, à Lagny, celle de M. Chevalier, à Argenteuil, dans lesquelles les élèves sont exercés manuellement au travail du bois et du métal, dans les limites de ce qui est aujourd'hui nécessaire pour cette admission. Le collége communal de Castres voudrait aller un peu plus loin : on y a créé, l'an dernier, sous le titre d'école professionnelle, trois cours spéciaux de mécanique, de filature et de teinture ; mais, si nous sommes bien informés, de sérieuses difficultés se rencontrent dans l'enchevêtrement inévitable des cours normaux du collège et de ceux de l'école professionnelle ; et, par les motifs que nous avons déjà indiqués, nous pensons que cette réunion est très critiquable. On veut utiliser à deux fins les mêmes professeurs ; et, s'il est vrai que les professeurs de sciences de nos lycées soient peu aptes à enseigner les choses de la pratique, on doit craindre tout autant de confier les jeunes gens qui veulent faire des études scientifiques complètes aux hommes qui sont plutôt voués à la pratique qu'à la démonstration raisonnée des principes de la science.

Si l'on ne tolérait dans les établissements dépendant de l'université que l'enseignement nécessaire à l'admission dans les écoles d'arts et métiers, la surveillance de ces établissement devrait rester entière entre les mains du ministère de l'instruction publique. Ce n'est pas parce qu'on exigerait, chaque semaine, des élèves, quelques exercices de tour ou d'ajustage, que l'esprit général de l'enseignement serait modifié. Le travail manuel formant ainsi une sorte d'accessoire dans le système ordinaire des études, rien ne devrait être changé dans l'ensemble de l'organisation, et la même surveillance continuerait à porter les mêmes fruits.

Au contraire, dans les établissements qui se voueraient exclusivement à l'enseignement professionnel, le caractère général devant être tout différent, la direction et la surveillance devront être tout aussi différentes ; et bien que, dans certains cas, on puisse annexer à l'enseignement industriel quelques études littéraires et scientifiques, il serait nécessaire que la surveillance et les conseils fussent dirigés par celle de nos administrations publiques qui préside aux destinées industrielles du pays.

C'est ce qui a lieu dans nos écoles actuelles d'arts et métiers, et il ne nous semble pas que l'Université ait beaucoup à se plaindre qu'on y enseigne l'écriture et l'orthographe à des jeunes gens qui, pour la plupart, n'ont profité que très imparfaitement des bienfaits de l'instruction primaire. La même liberté d'action pourrait s'appliquer à certains établissements municipaux créés par les soins des administrations locales ; et, suivant la spécialité de chacun d'eux, il serait soumis au contrôle du ministère de l'instruction publique ou de celui de l'agriculture et du commerce.

C'est ce qui arrive aussi pour un établissement tout spécial, qui a déjà rendu d'immenses services en préparant à la carrière commerciale un grand nombre de jeunes gens qui n'auraient pas trouvé les mêmes connaissances dans l'enseignement général des lycées. L'École supérieure du commerce, fondée par M. Blanqui, et dirigée aujourd'hui par M. Gervais, de Caen, est en quelque sorte patronnée par le ministre de l'agriculture, du commerce et des travaux publics, qui y entretient un certain nombre de bourses.

A Paris, l'École municipale Turgot, qui prépare déjà beaucoup d'élèves pour les écoles d'arts et métiers et quelques-uns pour l'École centrale des arts et manufactures, ressortit naturellement du ministère de l'instruction publique, parce que ce n'est pas dans cette préparation qu'est le but essentiel de l'enseignement; et rien ne devrait être changé à cette disposition s'il arrivait, comme il en est question depuis plusieurs années, que les élèves pussent s'y livrer à quelques travaux manuels.

A Lyon, l'école la Martinière, qui procède par des méthodes toutes spéciales, et qui forme surtout des jeunes gens pour les carrières industrielles, est bien plus dans les attributions du ministère des travaux publics, bien que, seul entre tous, cet établissement, si utile et si bien dirigé, conduise les enfants depuis les premiers compléments de l'instruction primaire jusqu'aux connaissances relatives à ce que l'on appelle la théorie du tissage.

La multiplicité de ces voies déjà entr'ouvertes à l'enseignement professionnel est bien faite pour montrer ce que le pays attend d'une administration dont la sollicitude ne pourrait se porter avec plus d'utilité sur une autre question. Le terrain est assez bien préparé pour qu'il suffise de prendre résolument la direction de ces efforts isolés, et amener en peu de temps les meilleurs résultats.

CHAPITRE V

ENSEIGNEMENT SPÉCIAL POUR LES ADULTES

Le besoin d'un enseignement spécialement industriel se manifeste encore, sous une autre forme, dans la plupart des villes manufacturières.

Partout les sociétés industrielles se préoccupent des meilleurs moyens à employer pour établir des cours pnblics de sciences appliquées; et, en fait, il s'en est établi depuis quelques années un grand nombre, parmi lesquels nous pourrions citer ceux de Bordeaux, de Rouen, d'Elbeuf et de Lille. Les fondateurs des cours industriels de la ville de Metz peuvent, à bon droit, s'enorgueillir d'être des premiers entrés dans cette voie, et d'avoir eu depuis lors un grand nombre d'imitateurs. Tous ces cours sont faits, à peu près, dans le même esprit que ceux du Conservatoire impérial des arts et métiers, et nous aurions peut-être à exprimer quelques regrets de ce qu'ils sont trop exclusivement scientifiques. Nous voudrions qu'ils se rapprochassent davantage de ce que nous avons précédemment recommandé pour l'instruction des apprentis ouvriers, qu'ils fussent plus spécialement consacrés à l'étude et à l'explication raisonnée d'un certain nombre de faits industriels. Il faut, en pareille matière, que chaque séance se suffise à elle-même, et elle aura toujours atteint son but, si elle a clairement fait comprendre une seule idée vraie à la plupart des auditeurs.

Nous avons eu l'occasion de faire, il y a longtemps, des leçons de géométrie descriptive à l'Association polytechnique de Paris, et nous y avons acquis la conviction que tout enseignement méthodique est impossible. Dès qu'une circonstance a motivé l'absence d'un auditeur à une seule leçon, l'ordre logique des idées ne le guide plus, et il est plus frappé par l'explication du fait matériel que par la démonstration la plus simple.

Ces cours publics réveillent l'imagination; ils ouvrent des aperçus qui peuvent avoir une grande importance; mais vouloir les appliquer à l'étude complète d'une science, ce sera toujours une erreur, si l'on ne s'adresse à des esprits exercés par un long stage sur les bancs universitaires. Le Collège de France et les facultés répondent à ce besoin; mais nous n'en dirons pas autant de ces enseignements intermédiaires, de ces établissements créés à grands frais par le ministre de l'instruction publique, sous le nom assez indécis d'écoles préparatoires à l'enseignement supérieur des lettres et des sciences. Les véritables écoles préparatoires à l'enseignement supérieur des lettres et des sciences sont les lycées; et, pour s'être rapprochées un peu de la pratique, les écoles préparatoires actuelles n'ont pas, d'une manière générale, pris rang parmi les établissements importants du pays. Elles sont particulièrement fréquentées par les gens de loisir ou par ceux qui ont reconnu l'utilité de toucher, ne fût-ce que de loin, aux premiers éléments de la science.

Nous ferons, toutefois, une exception en faveur des résultats obtenus dans ces écoles préparatoires par les professeurs de chimie. Là chimie est une science de faits, nous ne dirons pas indépendants, mais entre lesquels la corrélation est bien plus dans la matière que dans le raisonnement. De quelque manière qu'on l'enseigne, chaque séance atteindra, par la force même des choses, ce but, qui est le nôtre, de faire comprendre certains faits isolés : il n'est donc pas étonnant que les cours de chimie soient à la fois plus suivis et plus pratiquement utiles que beaucoup d'autres.

La France possède déjà plusieurs de ces écoles préparatoires, consacrées en partie aux études scientifiques; elles sont établies dans nos villes importantes qui ne possèdent pas de faculté des sciences : à Rouen, à Moulins, à Nantes, à Angers, à Mulhouse. Quatre seulement de ces écoles fonctionnent; elles délivrent des certificats d'études, et elles préparent utilement un certain nombre de jeunes gens aux grades universitaires ; mais l'on pourrait certainement les transformer, en les rendant plus utiles encore, en écoles d'arts et métiers, avec cours industriels pour les adultes.

On croirait d'ailleurs que tout a été préparé pour cette transformation, que sans doute les directeurs de ces écoles appellent de tous leurs vœux, en ce que les conditions de leur création sont celles-là mêmes que nous recherchons pour la fondation des nouvelles écoles industrielles. Les écoles préparatoires dont nous parlons ne datent que de 1854. Il est dit, dans le décret d'organisation, que les villes qui ne sont pas sièges de facultés, et qui ont établi des cours municipaux sur quelques parties élevées des sciences et des lettres, peuvent obtenir que ces cours prennent le titre et le rang d'écoles préparatoires à l'enseignement supérieur des sciences et des lettres, à la charge, par ces villes, de fournir un local convenable, les collections nécessaires à l'enseignement, et une subvention annuelle pour les traitements des professeurs et les dépenses du matériel. Si l'on offrait aujourd'hui les mêmes conditions pour la création de véritables écoles d'arts et métiers, il est bien certain que le plus grand nombre des villes manufacturières s'empresserait de les accepter.

Il est nécessaire d'ajouter que, parmi les cours publics de

sciences appliquées, ceux du Conservatoire des arts et métiers doivent satisfaire à des conditions plus étendues. Pour les chefs d'industrie qui les fréquentent, il faut qu'ils fassent connaître les applications nouvelles qui marquent la route du progrès ; ils doivent aussi servir, pour les anciens élèves des écoles spéciales, de l'École centrale des arts et manufactures et des écoles d'arts et métiers, de complément à leur instruction professionnelle. Mais l'expérience nous a appris qu'il était aussi de grande importance d'insister, en parlant de chaque application, sur les principes ; compris par quelques contremaîtres intelligents, ils sont ensuite commentés dans les ateliers, et c'est sous cette forme que souvent ils sont appelés à faire pénétrer les notions les plus indispensables à la précision des divers procédés de l'industrie. Cette triple fonction oblige les professeurs à ne négliger aucun des points de vue scientifiques des questions qu'ils traitent; mais c'est dans la pratique même de cet enseignement que nous nous sommes convaincus de la nécessité de modifier profondément la méthode classique, toutes les fois que l'on s'adresse à des intelligences qui se sont formées dans un autre milieu que celui de nos lycées.

CHAPITRE VI

ENSEIGNEMENT DU DESSIN INDUSTRIEL

Nous avons indiqué déjà que le dessin géométrique devait être considéré comme la base fondamentale de tout enseignement industriel; nulle part cette nécessité n'a été mieux comprise qu'en France, et nous partageons avec les Allemands une supériorité incontestable sous ce rapport. Les Anglais, bien que fort habiles dans tous les travaux manuels, ont moins que nous le sentiment de la méthode des projections, et l'on s'étonnera peu de cette différence, quand nous dirons que la géométrie descriptive n'y est enseignée dans aucune école, pas même à l'école d'artillerie de Woolwich.

Il y a, sous ce rapport, une grande différence à établir entre la théorie et la pratique, entre l'ingénieur et le praticien : celui-ci pourra se contenter d'une entente générale de la représentation des objets principaux, placés dans des conditions simples ; il pourra dessiner, pour ainsi dire, de sentiment ; celui-là, au contraire, doit, dans l'étude de ses projets, se servir du dessin comme moyen de lire dans l'espace, et de comprendre des dispositions de lignes et de surfaces avant qu'elles aient été réalisées.

Ces considérations ne sont pas, autant qu'elles peuvent le paraître, étrangères à la question de l'enseignement du dessin ; la même distinction est tout aussi nécessaire en ce qui concerne les œuvres d'art, dans lesquelles les Français excellent, et les dessins d'art industriel, qui sont plus ordinairement appelés dessins industriels.

L'Exposition de 1851 a fait voir combien l'art industriel était en France plus avancé que partout ailleurs ; et, aussitôt, les pays les plus puissants par leurs industries, sans chercher à discuter notre prééminence, se sont efforcés de créer des écoles de dessin. En Angleterre, en Allemagne, en Belgique, on s'est voué, avec une ardeur précédemment inconnue, à la culture de l'art industriel ; on a cru qu'il suffirait de faire dessiner beaucoup de meubles et beaucoup d'objets d'art pour combler, en peu d'années, la distance. En Angleterre, surtout, des efforts surhumains ont été faits : un vaste réseau d'écoles de dessin a été soumis au régime de la centralisation administrative, si peu en harmonie cependant avec les habitudes de la nation et du gouvernement lui-même. On a fait dessiner dans tous les styles ; quelques artistes se sont rencontrés qui ont fait, à cet égard, des chefs-d'œuvre ; on a reproduit jusqu'aux grands édifices de l'antiquité, en relief et en vraie grandeur ; on a partout multiplié les exemples, et cependant la prééminence n'en est pas moins restée à la France, à une distance moindre peut-être, mais sans qu'on puisse la lui disputer.

Cela tient uniquement à ce que l'école française, au point de vue de l'art pur, domine toutes les autres, et à ce que son influence se reflète jusque sur tous les produits de l'industrie, qui naissent dans le même milieu, qui sont jugés par une critique intelligente, et qui son dus, la plupart du temps, à des artistes dont les études ne sont pas bornées aux seules choses de l'industrie, mais qui ont formé leur goût et leur jugement dans les spécialités les plus élevées de l'art.

L'éducation de l'artiste créateur ne doit pas être conduite comme celle de l'exécutant: il leur faut, à l'un et à l'autre, une certaine habileté manuelle, une certaine appréciation de la ressemblance et de la délicatesse des formes ; mais, pour le premier, rien ne suppléera jamais à de bonnes et fortes études, pas même la contemplation et l'imitation des plus beaux modèles, si elles ne sont pas conduites et éclairées par un goût exercé.

Il en est de l'enseignement de l'art industriel comme de l'enseignement de la science industrielle. Aux uns l'imitation par la pratique, qui fera surgir exceptionnellement quelques hommes d'élite, mais qui assurera chez tous un talent d'imitation raisonnée, suffisamment éclairé pour la plupart des opérations de l'industrie manufacturière ou de l'industrie artistique; aux autres le développement de l'intelligence par la culture des déductions scientifiques, la sûreté de jugement qui résulte d'une instruction vraiment libérale ; et à ceux-là, quand ils auront à porter leur attention sur les procédés et les méthodes industrielles, il faudra peu de temps pour compléter, dans l'examen des faits de l'industrie, une instruction mille fois plus féconde et plus sûre. La science pure ou l'art pur seront, pour eux, des moyens de redescendre avec tous leurs avantages dans une arène moins éthérée, où ils apporteront, avec toutes chances de succès, tous les éléments d'une appréciation éclairée, nécessaire dans toutes les conditions de la vie pratique, qu'il s'agisse d'art, d'industrie ou de science.

C'est en examinant dans leur ensemble les divers éléments qui doivent constituer l'enseignement industriel, c'est surtout en remarquant qu'il doit, pour être vraiment utile, procéder des mêmes caractères généraux, dans toutes les branches, que nous avons été conduits à formuler les considérations qui précèdent, et que nous pouvons maintenant résumer en quelques lignes.

CONCLUSION

L'enseignement industriel est représenté en France par des établissements que l'Europe nous envie, et qu'elle cherche à imiter; mais ces établissements sont complètement isolés dans leurs moyens d'action.

Il importe d'établir entre eux une sorte de hiérarchie qui fixe à chacun son cercle d'action, et qui assigne à son enseignement des limites précises. Ces limites doivent être déterminées de manière à assurer, sans double emploi, une instruction complète et convenablement graduée.

L'organisation d'un enseignement spécial doit, tout d'abord, se manifester par la création d'un plus grand nombre d'établissements dans lesquels entreraient les apprentis ouvriers les plus intelligents et les plus capables.

Cette organisation doit être telle que quelques-uns d'entre eux arrivent nécessairement jusqu'au degré de connaissances qui constitue l'ingénieur, et que cette marche ascendante leur soit facilitée autant que possible.

L'enseignement industriel à ses différents degrés est absolument incompatible avec les études des lycées, ou, en termes plus généraux, avec les méthodes universitaires.

Il doit s'imposer par son utilité même : la première leçon

doit porter avec elle le cachet de cette immédiate utilisation aux choses de la pratique.

L'enseignement universitaire, en continuant à former des esprits d'élite, sera toujours la meilleure préparation à ces études spéciales.

Les deux systèmes devront fonctionner concurremment et se faire juger par leurs résultats, avant de se modifier l'un par l'autre.

Le travail manuel formera, autant que possible, une partie essentielle de l'enseignement professionnel. Les sacrifices à faire par l'Etat, par les départements et par les communes, ne seront pas considérables, si l'on se borne à créer un certain nombre d'écoles nouvelles du deuxième et du troisième degré. Les travaux des élèves, retouchés, s'il est nécessaire, par des ouvriers spéciaux, seront toujours livrés à la consommation privée, afin qu'il soit tout d'abord établi qu'en industrie rien ne doit être perdu, et que les moindres aptitudes peuvent être utilisées avec avantage.

L'Etat ne dépensera jamais trop pour former dans le pays une population intelligente, possédant, à tous les degrés, des notions saines de technologie ; ce sera pour lui le vrai moyen de s'assurer à l'avenir, dans la plupart des industries, une précieuse prééminence.

IMPRIMERIE CHAIX, RUE BERGÈRE, 20, PARIS. — 14770-4.

www.ingramcontent.com/pod-product-compliance
Ingram Content Group UK Ltd.
Pitfield, Milton Keynes, MK11 3LW, UK
UKHW020434180726
13839UKWH00003B/1491

9 782329 423524